AF348212

DE LA CORPORATION

DES

IMPRIMEURS

LIBRAIRES & RELIEURS

DE LA VILLE DE METZ

Mémoire lu à la Société d'Histoire & d'Archéologie de la Moselle
Séance du 14 décembre 1866

METZ

TYPOGRAPHIE ROUSSEAU-PALLEZ, ÉDITEUR

Libraire de l'Académie impériale

RUE DES CLERCS, 14

1867

MESSIEURS,

Ce serait une tâche digne d'intérêt, mais aussi semée de difficultés, que celle d'étudier l'origine et le développement de la typographie à Metz ; rechercher quels ont été les premiers imprimeurs, suivre la progression croissante des livres qui ont vu le jour en notre ville, dresser un catalogue raisonné de tous les ouvrages sortis des presses messines, serait un travail qui nécessiterait des années de labeur, mais qui assurerait aussi à celui qui l'entreprendrait la reconnaissance de ceux qui aiment la science historique et en sondent les mystères. Plusieurs historiens ont déjà tenté des essais qui ont été couronnés d'un demi-succès, je ne viens pas essayer de compléter les travaux que ces auteurs ont commencés ; une circonstance heureuse, la découverte d'un manuscrit, m'a mis à même de faire quelques études sur la corporation des imprimeurs de Metz. Je me bornerai donc à vous présenter quelques considérations sur l'histoire des corps de métiers et à vous soumettre les règlements et le compte rendu du livre de la communauté des imprimeurs de notre ville, ce qui, je l'espère, pourra jeter un nouveau jour sur la question de la typographie messine.

4

I

Des Corporations

L'institution des corporations remonte à la plus haute antiquité. Numa Pompilius, le successeur de Romulus, l'emprunta aux Grecs, et comme la ville de Rome, formée de deux peuples distincts, semblait encore composée de deux nations, il pensa, suivant Plutarque (tome Ier, *Numa Pompilius,* § 29, traduct. Amyot), « qu'il valloit mieulx diviser encore tout le peuple en plusieurs petites parcelles, par le moyen desquelles il les jetteroit en autres partialitez, lesquelles viendroient à effacer plus facilement celle principale et première, quand elle seroit divisée et séparée en plusieurs petites. Si feit ceste division par mestiers, comme menestriers, orfèvres, charpentiers, teinturiers, cordonniers, mégiciers, tanneurs, fondeurs, potiers, etc... » Chez les Romains, le travail manuel était concentré dans les mains d'un petit nombre, les affranchis et les esclaves s'adonnaient à l'industrie et au commerce et se voyaient exclus des charges publiques que le patricien seul avait le droit d'occuper. Les artisans, se trouvant rangés au dernier ban de la société, sentirent combien serait grand pour eux l'avantage de se réunir pour travailler en commun et pour résister aux exigences et à la tyrannie des castes supérieures. Ils accueillirent donc facilement l'érection des communautés, et la fraternité fut le mobile puissant qui les rattacha les uns aux autres et les rassembla en corporations. Supprimés par Tarquin, les colléges ou corps de métiers se reformèrent bientôt en plus grand nombre ; les premiers empereurs, craignant pour leur puissance mal affermie, ces réunions de prolétaires qui discutaient leurs intérêts, qui se soutenaient et se prêtaient main-forte au besoin, se montrèrent peu favorables à leur développement. Mais quand l'autorité impériale fut assise sur des bases plus sûres et plus solides, les princes comprirent l'utilité qu'il y avait à les encourager pour donner tout à la fois un nouvel accroissement aux progrès de l'industrie et pour contrebalancer la puissance de la caste patricienne.

Alexandre Sévère, Théodose et Justinien s'occupèrent de la réglementation des associations d'ouvriers, les organisèrent en corps jouissant de priviléges et de prérogatives, ayant des droits et des obligations dans la cité. La curie était la classe supérieure, la corporation fut la classe inférieure. L'admission des membres de la communauté était volontaire ou forcée ; en faisaient partie nécessairement les fils et les gendres des associés, leurs héritiers, quelquefois même par une sentence du juge ou une décision de l'empereur, des ouvriers y étaient incorporés. Si l'on voulait entrer de son plein gré dans la corporation, on faisait une déclaration au gouverneur de la province et on était reçu par les curateurs ou syndics des corps d'ouvriers. Mais on ne pouvait quitter la corporation qu'après en avoir obtenu l'autorisation par jugement [1].

La corporation avait des droits dans la cité, des devoirs à remplir. Considérée comme personne juridique, elle pouvait posséder, acquérir, aliéner. Administrée par des syndics, elle n'avait à répondre de ses actes que devant le préfet de la ville ou le gouverneur de la province. Mais aussi elle était obligée de prendre part aux travaux d'utilité publique et aux charges fiscales.

---

[1] L. IV, C. de Fabricensibus. — L. III, § 3 D., de Collegiis. — C. TH. De pistoribus. — Cheruel. *Dict. des coutumes de France.* — Dalloz. *Répertoire de Jurisprudence.* — Louis Blanc. *Origines et causes de la Révolution.*

Liée intimement au régime municipal, elle fut introduite dans les Gaules avec ce mode d'organisation, et le peuple français, se formant peu à peu sur les ruines du monde romain, conserva les institutions de l'ancienne mère patrie. Les chartes des premiers siècles prouvent surabondamment que les corporations ont existé dès le commencement de la monarchie franque. Louis IX confia leur réglementation à Étienne Boileau, prévôt de Paris, qui les divisa en six corps de marchands, leur imposa des lois fixes concernant l'apprentissage, la maîtrise, le monopole et la vente.

Henri III fit une loi générale d'un règlement particulier, et par son édit en date de décembre 1581, il força tous les artisans à faire partie des corporations : En août 1597, un nouvel édit assujettit tous les marchands aux mêmes règlements que les ouvriers.

Depuis cette époque jusqu'à leur première suppression (1776), les maîtrises et jurandes furent soumises à des ordonnances royales et à des mesures de police locale. Turgot explique d'une manière remarquable, dans le préambule de l'édit de 1776 dont il fut instigateur et auteur, les avantages et les inconvénients des corporations. Imbu de principes libéraux et sages, le ministre de Louis XVI voulut mettre un terme aux injustices et aux rivalités qu'entraînait nécessairement avec lui le régime des corporations. En effet, si un petit nombre de privilégiés avaient seuls le droit d'exercer un métier, cette faculté devenait une atteinte à la propriété la plus inviolable et la plus sacrée de chaque citoyen au droit de travailler. Si quelques-uns étaient admis à jouir des avantages de la communauté, la plupart en étaient exclus et leurs talents devenaient inutiles. Ajoutez à cela les impôts onéreux dont était surchargée l'industrie, le monopole à la faveur duquel les privilégiés pouvaient faire monter au-dessus de leur valeur réelle les denrées les plus indispensables à l'existence de la nation. Tels furent les motifs qui décidèrent le roi Louis XVI à rendre ce fameux édit de février 1776, qui, en abolissant les maîtrises et jurandes, proclamait la liberté du travail et permettait à chacun de consacrer son activité, son intelligence et ses talents au développement de l'industrie. Turgot sorti du ministère, le roi rétablit les corporations par un édit en date du mois d'août 1776; elles ne furent définitivement abolies que par l'Assemblée constituante, en mars 1791, qui détruisit à tout jamais les prérogatives et les priviléges si attentatoires aux principes de la liberté individuelle.

Tel est en résumé l'historique des corporations. Il serait difficile de déterminer quelle fut l'organisation des corps de métiers, car elle a varié à l'infini, suivant les villes où ils existaient et suivant le genre d'industrie auquel ils se livraient. Cependant on peut retrouver dans tous le même principe : le monopole et le privilége au profit de quelques-uns, au détriment du grand nombre. La corporation était considérée comme personne morale et obéissait à des statuts qui recevaient l'approbation du conseil ou du roi.

Les chefs, sous le nom de jurés, syndics, visiteurs, prud'hommes, gardes du métier, etc, étaient élus à la pluralité des voix, et chargés de l'administration, ils jugeaient les différends qui pouvaient s'élever entre les divers membres du corps, faisaient observer les règlements et infligeaient des peines à ceux qui se trouvaient en contravention avec les statuts de la communauté. Trois classes de personnes composaient la communauté : les maîtres, les compagnons, les apprentis. Pour passer d'un degré à l'autre, l'ouvrier rencontrait des difficultés et se trouvait en présence de grands obstacles : il était nécessaire qu'il se procurât à tout prix de l'argent pour payer les droits d'apprentissage et les droits de bienvenue. Quand l'on n'avait pas le bonheur de naître dans une famille de maître, il fallait donc jouir d'une certaine fortune pour pouvoir obtenir des lettres de maîtrise. Dans quelques corporations, la veuve du maître pouvait continuer d'exercer l'industrie de son mari pourvu qu'elle ne prît pas un nouvel époux hors de la communauté. Dans d'autres, au contraire, il suffisait d'épouser la veuve d'un maître pour être inféodé dans la compagnie.

En somme, les corporations étaient régies par leurs statuts particuliers, par les édits des rois et par les ordonnances locales.

II

De la Corporation des Imprimeurs, Libraires et Relieurs de la ville de Metz

La précieuse découverte de Guttemberg, qui était appelée à jouer un rôle si important dans l'histoire du monde, fut connue à Metz vers la fin du quinzième siècle. En 1482, Jean Colini et Gérard de Villeneuve imprimèrent le premier livre qui, suivant toutes probabilités, a vu le jour en notre ville. Au seizième siècle, les Laurent, Palier, Fabert, concoururent d'une façon remarquable au développement de la typographie messine ; ceux qui vinrent ensuite, Claude Félix, Antoine et Collignon, se montrèrent dignes de leurs prédécesseurs et se tinrent constamment au niveau des progrès de l'art de l'imprimerie. Chaque jour, le nombre des imprimeurs, libraires et relieurs devenait plus considérable ; on avait senti le besoin, dans les autres villes du royaume, d'assimiler ces professions aux autres métiers constitués en corporations ; un double intérêt s'attachait à la formation de ces communautés. Les syndics et adjoints étant chargés de la police de la presse, se trouvaient plus à même que d'autres officiers de surveiller les productions littéraires du pays ; d'autre part, les imprimeurs établis y rencontraient

l'immense avantage d'accorder ou de refuser le droit d'exercer la typographie, en tous cas, d'empêcher et de res-
treindre la concurrence étrangère.

A plusieurs reprises déjà, le lieutenant-général au bailliage
et siége royal de Metz, Philibert Estienne, seigneur d'Augny,
avait compris l'utilité évidente de cette institution au point
de vue de la police. Le 23 janvier 1652, sur la réclamation
des imprimeurs-libraires, il rendit une ordonnance interdisant « aux fripiers, revendeurs et autres, d'acheter des
écoliers, serviteurs ou servantes, aucuns livres tant neufs
que fripés, à peine de confiscation et d'amende arbitraire, »
et il avait chargé les sieurs Antoine imprimeur, et Bouchard
libraire, de tenir la main à l'exécution de cette ordonnance.

Bientôt après, ayant été informé par le procureur du roi
que « divers particuliers, ménagers, revendeurs et autres,
s'étaient ingérés depuis quelque temps de vendre et débiter
en cette ville plusieurs livres prohibés et défendus par les
ordonnances, apportés de Strasbourg et autres lieux hors du
royaume et que l'on avait vu plusieurs placarts et libelles
diffamatoires contre l'honneur de la justice et des personnes
constituées en dignité, même qu'il était venu en ses mains un
recueil de Noëls imprimés en cette ville parmi lesquels se
trouvaient des rimes scandaleuses faites par pure mocquerie
et dérision des choses saintes, » le lieutenant-général fit
comparaître devant lui, par ordonnance en date du 28
décembre 1655, Jean Antoine et Pierre Collignon, imprimeurs du roi, Claude Bouchard, libraire et relieur, et Claude
Antoine, imprimeur. Après en avoir conféré avec eux, il
décida que les ordonnances, arrêts et règlements faits par
les imprimeurs et relieurs de Paris et autres villes du
royaume, seraient à l'avenir suivis et observés par ceux de
Metz, et dressa des statuts pour cette nouvelle communauté
à la date du 29 mai 1656; ils furent enregistrés par le
Parlement siégeant alors à Toul le 6 novembre suivant.

Les statuts de 1656 s'occupent de la formation de la

communauté, des assemblées et des syndics, de l'apprentissage et de la maîtrise, de la police de la presse, enfin de l'emploi des deniers provenant des amendes.

Formation de la Communauté. — L'article 1er édicte que, dans les huit jours qui suivront la publication de ces règlements, les imprimeurs, libraires et relieurs feront inscrire leurs noms sur le registre du procureur du roi, et prêteront serment entre ses mains de bien et fidèlement observer ces dits arrêts et ordonnances.

Les membres de la communauté (art. 11) jouiront des droits, privilèges et franchises qui leur seront accordés par les rois à l'exclusion de toutes autres personnes.

Syndics et assemblées, (art. 2, 3, 4, 5, 6). — La communauté fera choix d'un syndic et d'un adjoint qui seront chargés de poursuivre les contraventions à ces ordonnances, arrêts et réglements, et d'en adresser un rapport au lieutenant-général le premier lundi de chaque mois.

Le syndic sera élu le 5 mai de chaque année à la pluralité des voix ; le syndic qui sortira de charge demeurera adjoint au syndic nouvellement élu. Le lendemain de cette élection, les imprimeurs, libraires et relieurs tiendront boutique fermée, célébreront la fête de leur patron saint Jean devant la Porte Latine et assisteront à la messe, à peine de vingt sols d'amende. Quand il y aura lieu à des assemblées, ils seront obligés de s'y trouver, à peine de cinq sols tournois d'amende. Les syndics et adjoints feront, au moins deux fois l'année, la visite de toutes les boutiques et imprimeries, et veilleront à ce qu'il ne s'imprime aucun livre ou libelle diffamatoire ou hérétique et que les impressions soient faites de bon papier et bons caractères.

Apprentissage et maîtrise. (art. 12, 13, 14, 15). — Pour être reçu apprenti, il faut être célibataire, savoir lire et écrire et s'obliger par devant amant ou notaire pour le temps prescrit par les statuts.

Pour pouvoir tenir imprimerie, librairie ou atelier de

reliure, il faudra avoir fait un apprentissage dont la durée sera de trois années consécutives pour les imprimeurs, et de quatre pour les libraires et relieurs. Après l'apprentissage, l'aspirant devra être *compagnon* pendant trois ans. Puis il sera reçu maître dans la communauté s'il a été reconnu capable d'exercer son industrie par les autres maîtres en présence du syndic et de l'adjoint. Il promettra, à sa réception de garder fidèlement les édits, arrêts, réglements, ordonnances, et paiera une somme de soixante livres tournois dont trente pour la justice, quinze pour la communauté et quinze pour les syndic et adjoint.

Les enfants et les veuves des maîtres sont reçus à leur première réquisition et sans frais, ainsi que les compagnons qui épousent les filles de maîtres.

Les veuves peuvent continuer à tenir imprimerie, librairie ou reliure, à avoir des compagnons, mais ne peuvent pas prendre de nouveaux apprentis.

Police de la presse. (art. 7, 8, 9, 10, 16, 17, 18, 19, 20). — Les personnes qui ne sont pas de la communauté ne peuvent vendre que les *Heures* de Rouen et de Troyes, et autres petits livres qu'on appelle *billots* et *fatras*, A, B, C et almanachs, à peine de confiscation et amende arbitraire.

Il est défendu, sous les peines portées aux ordonnances, d'imprimer, vendre ou débiter aucun livre nouvellement fait, sans le nom de l'auteur et sans approbation et permission ; il est aussi interdit de déballer et de vendre des livres qui viennent du dehors sans les avoir fait visiter par les syndic et adjoint.

Ceux qui imprimeront ou feront imprimer des livres ou libelles diffamatoires seront punis suivant la rigueur des ordonnances.

Les dominotiers, taille-douciers, cartiers, imagiers, seront tenus aux mêmes conditions que les libraires sans qu'ils puissent jouir des priviléges concédés à ceux-ci ; ils devront donc avant d'exposer en vente des dominotures, placarts, cantiques, chansons, relations et toutes *autres sortes de discours,* les faire voir aux syndic et adjoint.

Les membres de la communauté auront seuls le droit de faire des prisées dans les ventes de livres à l'encan. (Art. 10.)

Les papetiers devront faire visiter leurs papiers par les syndic et adjoint. L'ordonnance du 23 janvier 1652 continuera à être en vigueur.

Article 21 et dernier. — Les deniers provenant des amendes appartiendront pour un tiers à la justice, le second tiers aux syndic et adjoint ou au dénonciateur, le reste sera donné aux prisonniers de la conciergerie de la ville.

A partir de l'arrêt d'homologation de ces règlements, la communauté des imprimeurs, libraires et relieurs de la ville de Metz commença à fonctionner, les syndic et adjoint firent observer les statuts et inscrivirent sur le livre de la corporation tous les procès-verbaux des assemblées, élections et réceptions.

Par trois édits en date de mars et décembre 1691 et mars 1694, la communauté fut taxée comme les autres corps de métiers à des sommes considérables. Par le premier, le roi ordonna que toutes les corporations lui demanderaient la confirmation de leurs règlements ; les membres de celle de Metz, pensant que les dispositions des statuts de 1656 n'étaient plus suffisantes pour maintenir le bon ordre, en composèrent de nouveaux qu'ils envoyèrent au roi pour obtenir de lui des lettres de confirmation tant de leur érection que de leurs règlements.

Ces lettres-patentes leur furent accordées, avec quelques restrictions, au mois de janvier 1696, et enregistrées au Parlement de Metz le 18 février suivant.

Ces nouveaux statuts apportèrent quelques changements à la constitution de la corporation en ce qui concernait l'apprentissage et la police.

Pour être reçu apprenti il fallut, pour l'imprimerie et la librairie, être *congru* en la langue latine et en apporter certificat d'un recteur de l'Université; pour la reliure, savoir lire et écrire.

Pour devenir maître : 1º quatre années d'apprentissage et trois de compagnonnage; 2º payer une somme de 100 livres, dont moitié pour les frais de justice, un quart pour la communauté et le reste pour le syndic et l'adjoint.

Art. 6. Le brevet d'apprentissage dut être passé par devant notaire ou amant et enregistré au livre de la communauté.

Art. 8. Dans le cas où l'apprenti s'absentait de la maison de son maître, il était tenu de faire le double du temps de son absence pour la première fois, et pour la seconde il était déchu de son apprentissage sans qu'il puisse être reçu à l'avenir.

Art. 11. Les fils de maître étaient dispensés de l'apprentissage mais ils devaient remplir les conditions requises pour la maîtrise.

Les articles 13, 14 et suivants ont rapport à la police de l'imprimerie et à la librairie, entre autres prohibitions : Il est défendu aux imprimeurs d'avoir boutiques portatives, de faire aucun étalage de livres et tenir leurs magasins ouverts les jours de dimanches et fêtes, à peine d'amende arbitraire.

A dater de cette époque, la communauté qui aurait pu entrer dans une voie de prospérité grâce aux prohibitions édictées en sa faveur, se vit constamment écrasée d'impôts considérables et forcée presque chaque année de faire des appels de fonds auprès de ses membres.

Des arrêts de 1704, 1739 et 1759 réduisirent et maintinrent à deux le nombre des imprimeurs de la ville de Metz.

En 1767, grâce à une mesure fiscale, la création de quatre brevets pour Metz, des membres inconnus à la corporation purent y être inféodés sans qu'ils eussent à faire apprentissage. La somme de 800 livres versée au trésor royal, chacun put entrer dans la communauté sans examen et sans apprentissage et laisser à sa veuve et à ses enfants la jouissance et les mêmes priviléges. L'étranger qui achetait un brevet de libraire était dispensé du droit d'aubaine, pouvait résider en France, y exercer le commerce, y posséder tous les biens meubles et immeubles qu'il pouvait avoir acquis ou acquérir par la suite, en jouir et disposer par testament, donation entre vifs ou autrement, la faculté lui était donnée de les laisser à ses enfants ou à ses héritiers, d'hériter de ses parents résidant dans le royaume, absolument comme s'il était né en France. Mais cette nouvelle mesure amena peu de nouveaux libraires à Metz.

Le manuscrit de la corporation ne fait aucune mention de la suppression transitoire des maîtrises et jurandes, en 1776 ; il semblerait même, d'après les livres de compte, qu'elle n'aurait pas été abolie à cette époque. Les procès-verbaux et les recettes et dépenses sont inscrits jusqu'en 1781. La corporation a probablement existé jusqu'à la suppression définitive de tous les corps de métiers et a dû tomber, comme les autres, sous le coup de la loi du 2 mars 1791.

III

Compte rendu du livre de la communauté

Le manuscrit de la corporation des imprimeurs, libraires et relieurs de la ville de Metz (format in-4°), contient dix cahiers de papier réunis.

Le premier, d'un format plus petit que les autres, se compose de 42 feuilles et rapporte les actes de la communauté depuis 1656 jusqu'en 1737.

Le 2ᵉ contient 4 feuilles, de 1742 à 1753.

    3ᵉ   — 16   —   1756 1772.

Le 4e contient 10 feuilles, de 1772 à 1778.

5e livre de compte contient 61 f., de 1692 à 1729.

6e intitulé *Résultats* — 18 — 1692 1719.

7c — — 22 — 1725 1736.

8e — — 7 — 1728 1736.

9e — — 2 — 1732 1734.

10e composé de 70 feuilles détachées, de 1740 1781.

L'intitulé du premier cahier, précédé d'une croix, est ainsi conçu :

Les Elections des Scindics et Adioints de la communauté des Libraires et Imprimeurs de la ville de Metz, faits par-devant Monsieur le Lieutenant Général, cômancés le 5 May 1656 en suitte les Réceptions de ceux qui ont estez receus audits arts depuis la de année auec les enregistrements des lettres et privilèges obtenus par iceux et autres actes concernans leur Communauté.

Au verso de cette première feuille on fait remarquer qu'il y avait dans le principe de la communauté un autre registre, qu'il était trop petit et mal tenu ; l'on a recommencé celui-ci en l'année 1675, l'on a été prendre toutes les élections sur le registre de M. le lieutenant-général et l'on a fait signer de nouveau un chacun à l'exception de Claude Bouchard, déjà décédé.

1656. 5 mai. — Élections. Claude Bouchard est nommé syndic de la communauté, Jean Antoine, adjoint.

Le procès-verbal de cette élection est ainsi conçu : « Le cinquième may mil six cent cinquante six, en suitte des statuts cy devant et de l'ordonnance de Monsieur le Lieutenant Général, tous les libraires et imprimeurs de cette ville se sont assemblez par deuant et en l'hostel de mond. sieur a une heure après midy, y estans après les voix et suffrages donnés, ont étéz esleus Claude Bouchard marchand libraire pour scindic de leur communauté et Jean Antoine imprimeur du Roy pour adjoint d'icelle a l'effect de quoy ils ont presté le serment en tel cas requis par devant mondit sieur le lieutenant général lesdits jour et an. Signé J. Antoine. »

Les premières élections ont été probablement antidatées, car elles sont du 5 mai, et les statuts ont été approuvés seulement le 29 mai 1656.

1657. 5 mai. — Élections. Pierre Collignon, syndic ; Claude Bouchard, adjoint. Le même jour, les imprimeurs-libraires reçoivent dans leur communauté Jean Bouchard, fils de Claude Bouchard.

1658 et 1659. 5 mai. —Pendant ces deux années, Pierre Collignon et Claude Bouchard sont *continués* pour syndic et adjoint.

1660. 5 mai. — Élections. Claude Antoine, syndic ; Pierre Collignon, adjoint.

1661. 31 mars. — Daniel le Comte, soi-disant pourvu d'une lettre de marchand libraire, la fait signifier à la communauté qui refuse de l'admettre et se porte appelante à la Cour.

5 mai. — Élections. Jean Bouchard, syndic ; Claude Antoine, adjoint.

Le 31 mai, la communauté procède à la réception de Estienne Antoine, fils de Jean Antoine, en qualité d'imprimeur.

Le 12 juin, Pierre Collignon ayant acheté d'un marchand forain une balle de papier qui ne contenait que vingt-trois feuilles, il en fait son rapport au syndic qui fait saisir ledit papier comme *chose contrevenante* aux statuts.

Le 14 juillet, réception de Jacob Estienne.

1662. 5 mai. — Élections. Jean Antoine, syndic ; Jean Bouchard, adjoint.

1663. 5 mai. — Élections. Claude Bouchard, syndic ; Jean Antoine, adjoint.

1664. 12 janvier. — La communauté ayant écrit à M. Hénaut, alors syndic des libraires et imprimeurs de Paris, pour savoir de quelle façon ils se gouvernaient en ce qui a rapport aux lettres de maîtrise, celui-ci répond qu'ils en ont été déchargés par requête présentée au Roi ou au Parlement.

8 mars. — Un arrêt est rendu contre Jacob Estienne, pour avoir vendu des almanachs contenant des devises et figures ayant pour but de tourner en dérision les cérémonies de l'Église. Il est condamné par la Cour à dix livres d'amende et défense lui est faite de vendre à l'avenir aucunes images ni publications anti-religieuses sous peine de la punition corporelle.

8 mars. — Le lieutenant-général rend une ordonnance qui oblige les syndic et adjoint qui font la visite des livres d'être accompagnés d'un Père Jésuite.

5 mai. — Elections. Pierre Collignon, syndic; Claude Bouchard, adjoint.

1665. 5 mai. — Elections, Pierre Collignon et Claude Bouchard continuent à exercer leurs charges de syndic et adjoint.

27 novembre. — Réception de Nicolas Antoine, fils de Jean Antoine. Daniel le Comte qui avait présenté, en 1661, une lettre de maîtrise et avait demandé d'être admis dans la communauté, avait intenté un procès à la corporation qui avait refusé de le recevoir. Quelque temps après il acquit de nouveaux droits en épousant la veuve d'un libraire de Metz; la communauté transige avec lui le 27 novembre 1665 au sujet du procès et le reçoit en qualité de maître, à la condition qu'il paiera les frais qu'elle a avancés.

1666. 5 mai. — Élections. Claude Antoine, syndic; Pierre Collignon, adjoint.

17 mai. — Réception de François Bouchard, fils de Claude Bouchard.

1667. 5 mai. — Élections. Estienne Antoine, syndic; Claude Antoine, adjoint.

20 août. — Jacob Estienne, pour éviter la visite des livres qui lui étaient envoyés, les faisait adresser à diverses personnes de la ville. Le syndic en ayant été averti, fit saisir les ballots que lui apportait le coche et lui envoya assignation de se trouver présent à l'ouverture de ces paquets.

1668. — Le 30 janvier est enregistré un arrêt du conseil d'État, rendu le 6 octobre 1667, qui porte défense aux monastères et colléges de tenir presses ou imprimeries, de débiter des livres, de recevoir aucuns maîtres-imprimeurs, libraires et relieurs.

5 mai. — Elections. Jean Antoine, syndic ; Estienne Antoine, adjoint.

23 novembre. — Est inscrit au registre un arrêt du conseil d'État, en date du 23 octobre 1668, concernant le jansénisme ; tous les membres de la communauté signent au bas de cet arrêt la promesse de s'y conformer.

1669. 5 mai. — Élections. François Bouchard , syndic ; Jean Antoine , adjoint.

1670. 5 mai. — Élections. Claude Antoine, syndic ; François Bouchard, adjoint.

1671. 5 mai. — Élections. Jean Bouchard, syndic ; Claude Antoine , adjoint.

A cette date, il est dit que plusieurs membres de la communauté ayant souvent négligé de se trouver aux assemblées, il sera à l'avenir enjoint à tous d'y assister sous peine de 20 sols d'amende.

Le 10 octobre, le syndic est assigné par devant M. Guérin, conseiller à la cour du parlement, à l'occasion d'un livre saisi par le dit syndic dans un ballot de Jacob Estienne. Cet ouvrage a pour titre : *Discours merveilleux de la vie, actions et déportements de la reine Catherine de Medicis.*

1672. 5 mai. — Élections. Nicolas Antoine, syndic ; Jean Bouchard, adjoint.

1673. 5 mai. — Él. Pierre Collignon, syndic ; Nicolas Antoine, adjoint.

1674. 5 mai. — Él. Jean Antoine , syndic ; Pierre Collignon , adjoint.

1675. 5 mai. — Él. Jean Bouchard, syndic ; Jean Antoine , adjoint.

Le 21 février, permission ayant été accordée à Mgr d'Au-

busson de la Feuillade, archevêque d'Embrun, évêque de
Metz, de faire imprimer des livres à l'usage de son diocèse,
il choisit pour son imprimeur Jean Antoine, qui enregistre
ce privilége à la date du 6 juillet.

1676. 5 mai. — Él. Jean Bouchard, syndic; Jean Antoine, adjoint; tous deux continués.

1677. 5 mai. — Claude Antoine, syndic; Jean Bouchard, adjoint.

15 octobre. — Estienne Antoine déclare à la communauté qu'étant très occupé de ses fonctions de chantre et marguillier de l'église collégiale Saint-Sauveur, il ne peut plus vaquer comme il le voudrait à sa profession d'imprimeur. En conséquence, il supplie la communauté d'agréer sa démission en faveur de son frère Claude Antoine. La corporation lui donne acte de sa démission et permet à Claude Antoine, pour l'espace de six années consécutives, de reprendre cette imprimerie, sans que néanmoins le dit Claude Antoine puisse prétendre aux droits honoraires du corps et à charge pour lui de mettre le nom d'Estienne Antoine en tête des livres qu'il pourra imprimer.

15 octobre. — Claude Antoine dit le jeune est reçu imprimeur.

1678. 5 mai. — Él. Estienne Antoine, syndic; Claude Antoine, adjoint.

Le même jour, le lieutenant-général renouvelle son ordonnance sur la visite des livres, et enjoint aux syndic et adjoint de ne pas y manquer sous peine pour eux *d'en répondre à leur propre et privé nom.*

1679. 5 mai. — Él. Estienne Antoine, continué comme syndic; Pierre Collignon, adjoint.

1680. 4 mai. — Él. Jean Antoine, syndic; François Bouchard, adjoint.

1681. 5 mai. — Él. Pierre Collignon, syndic; Jean Antoine, adjoint.

1682. 5 mai. — Él Estienne Antoine, syndic; Pierre Collignon, adjoint.

1683. 5 mai. — Él. Jean Antoine, syndic; Estienne Antoine, adjoint.

1684. 5 mai. — Pierre Collignon, syndic; Jean Antoine, adjoint.

1685. 5 mai. — Él. Estienne Antoine, syndic; Pierre Collignon, adjoint.

24 mai. — Réception de Brice Antoine, fils de Jean Antoine.

Le même jour est reçu dans la communauté André Chevalier, qui a fait son apprentissage chez Jean Antoine, et qui paie comme droits de réception la somme de 30 livres tournois.

1686. 4 mai. — Él. François Bouchard, syndic; Estienne Antoine, adjoint.

1687. 5 mai. — Él. Claude Antoine le jeune, syndic; François Bouchard, adjoint.

1688. 5 mai. — Él. Brice Antoine, syndic; Claude Antoine le jeune, adjoint.

1689. 5 mai. — Él. François Bouchard, syndic; Brice Antoine, adjoint.

Le même jour est reçu dans la communauté Jean Collignon, fils de Pierre Collignon.

1690. 5 mai. — Él. Jean Antoine, syndic; François Bouchard, adjoint.

1691. 5 mai. — Jean Collignon, syndic; Brice Antoine, adjoint.

1692. 6 mars. — Le roi ayant demandé de l'argent aux communautés pour payer les frais de la guerre, une répartition est faite par Mgr l'intendant entre les différentes corporations; la part de celle des imprimeurs s'élève à la somme de 440 livres.

28 mars. — Réception de Jean Antoine, fils de Nicolas Antoine, qui lui laisse son imprimerie.

Le même jour, les imprimeurs-libraires réunis chez Jean Collignon, leur syndic, au sujet de la répartition ordonnée par Mgr l'intendant, le temps du paiement étant proche, il est décidé que Jean Collignon, Brice Antoine et Pierre Collignon emprunteront 450 livres et s'obligeront pour toute la communauté. M. Muzac, ancien échevin de la ville, par les mains de Me Monsel, notaire, leur fait l'avance de cette somme, à la condition qu'il pourra la reprendre à sa première volonté et qu'on lui en paiera les intérêts au denier dix-huit.

19 avril. — Réception de Jean Humbert comme relieur et libraire.

5 mai. — Él. Brice Antoine, syndic; Jean Collignon, adjoint.

Jean Collignon, syndic sortant de charge, rend compte à son successeur des dépenses et recettes de la communauté pendant l'année qui vient de s'écouler et lui verse l'excédant des recettes.

23 mai. — L'évêque de Metz, archevêque d'Embrun, sur la demande de Jean Antoine, qui se retire des affaires, accorde le privilége des livres de son diocèse au fils de celui-ci, Brice Antoine; ce privilége est signifié à la communauté le 29 août.

17 septembre. — Il est convenu entre les imprimeurs-libraires réunis chez le syndic:

1º Que l'on fera exécuter les statuts contre les marchands et autres qui ne sont du corps, qui débitent des livres et autres choses portées par l'article 7 des dits statuts;

2º Que l'on fera aussi exécuter l'article 12 concernant ceux qui ne sont de la ville et n'y ont fait apprentissage;

3º Que l'on contraindra, comme les autres communautés de la ville, ceux qui composent le corps de payer les intérêts courants dès le 27 mars de la présente année, suivant le résultat passé pardevant Me Monsel, notaire, le dit jour 27 mars, auquel tout le corps a signé et consenti.

« De tout quoi donnons pouvoir aux susdits syndic et adjoint de poursuivre incessamment et sans retard l'exécution des susdits trois articles ci-dessus et leur donnons aussi pouvoir de faire les poursuites soit au bailliage et parlement et toutes les avances nécessaires pour le bien et utilité de la dite communauté ; le tout aussi pour l'avantage du corps sur lequel et du restant des comptes se prendront les frais et avances nécessaires. Signé : Jean Antoine, Pierre Collignon, Jean Antoine le jeune, Brice Antoine, Jean Collignon, Jean Humbert. »

1693. 30 janvier. — Réception de Louis Bouchard, fils de Claude Bouchard.

5 mai. — Él. Jean Antoine, syndic ; Brice Antoine, adj.

La communauté entend une messe solennelle à Saint-Arnould et s'entend avec le prieur de ce couvent pour qu'un service y soit célébré tous les ans à la même date.

Le même jour, Brice Antoine rend compte de son syndicat à son successeur.

17 novembre. — Les imprimeurs-libraires tiennent assemblée chez le syndic à l'occasion d'un procès qu'ils ont à soutenir contre Jean La Gardette, qui veut se faire recevoir relieur ; ils sont tous d'avis de poursuivre jusqu'à jugement définitif.

Dans ce procès la communauté est représentée par Thorel, avocat, et par Boulet et Lefebvre, procureurs.

17 novembre. — Le reliquat du compte de l'année 1692-1693 est versé entre les mains de Brice Antoine, comptable de son père.

1694. 26 février. — Réception de Jean La Gardette comme relieur, en vertu de la sentence de M. le lieutenant-général, du 2 octobre 1692, et arrêt de la Cour du 20 février 1694.

5 mai. — Él. Jean Antoine le jeune, syndic ; Jean Antoine, adjoint.

Brice Antoine rend compte, au nom de son père, de l'année de son syndicat. Ce compte est arrêté et clos par la communauté le 8 juin.

8 juin. — Réunion chez le syndic :

1° L'on décide que l'on offrira au roi, à l'occasion de la création des auditeurs des comptes, la somme de 150 livres;

2° De plus, que l'on poursuivra *Langlois* compagnon imprimeur chez Bouchard, pour avoir mis son nom à des impressions;

3° Inventaire est dressé des objets appartenant à la communauté.

1695. 5 mai. — Él. François Bouchard, syndic; Jean Antoine le jeune, adjoint.

Jean Antoine le jeune est chargé de la comptabilité; il ne rend ses comptes que l'année suivante.

18 juillet. — Réunion dans laquelle on décide que l'on poursuivra le sieur Bertier, qui veut s'établir à Metz en qualité de relieur.

13 octobre. — Réception de Jean Bertier en vertu des sentences reçues par lui du lieutenant-général de police.

3 novembre. — Réunion dans laquelle on refuse à Jean La Gardette, relieur, le droit d'entrer dans la communauté comme marchand libraire, et on se décide à le poursuivre. Quelques membres font la demande de *nouveaux statuts*.

1696. 3 janvier. — Présentation de Jacques Ferry, fils de défunt Robert Ferry et d'Anne Pochon, de Metz; il est reçu en qualité de marchand libraire, le 7 janvier. Copie de son certificat d'apprentissage est faite au registre.

31 mars. — Réception de Jean La Gardette comme marchand libraire.

5 mai. — Él. J.-B. Humbert, syndic; François Bouchard, adjoint.

10 septembre. — Le compte des deux années d'administration de Jean Antoine le jeune est clos et arrêté par la communauté. Dans la même réunion il est décidé que pour *assoupir* toute difficulté au sujet des droits de visite et des intérêts dûs jusqu'à ce jour, les membres de la corporation se cotiseront et seront taxés en raison de l'importance de leur commerce.

Pendant cette année 1696 une importante réforme avait lieu dans la communauté, bien que le registre des imprimeurs n'en porte pas mention, si ce n'est au livre des dépenses et recettes où il est question d'une somme de 750 livres versée au trésor pour l'obtention des nouveaux statuts, patentes, placets, etc.

1697. 9 janvier. — Il est décidé que Chevalier, qui tient magasin en ville, contribuera aux sommes prélevées pour le droit de visite.

5 mai. — Él. Jean Collignon, syndic; J.-B. Humbert, adjoint.

Le syndic sortant de charge rend compte de son administration le 20 mai; son compte est clos et arrêté.

1698. 22 janvier. — Réunion de la communauté dans laquelle on décide que l'on empruntera 2,200 fr. d'un sieur *Labriet* pour faire face aux dépenses urgentes.

3 mai. — Él. Louis Bouchard, syndic; Jean Collignon, adjoint.

28 mai. — N'ayant pu recevoir du sieur Labriet que la somme de 2,000 livres, les syndic et adjoint sont autorisés à emprunter 200 livres pour parfaire la somme de 2,200 livres indispensable à la corporation.

5 septembre. — Le compte du syndic sortant est apuré. — A cette assemblée, l'on décide que les revenus ayant diminué par suite de la mort de Jean Antoine père et de la veuve de Pierre Collignon, on augmentera les droits à percevoir sur chaque membre de la communauté. — A propos des contestations qui s'élèvent entre les maîtres et les compagnons, la communauté décrète qu'aucun maître ne pourra, sous peine de 25 livres d'amende, prendre un compagnon sortant de chez un autre maître; bien que l'amende ait été soldée, il ne pourra le conserver, mais il sera loisible au compagnon de retourner chez son ancien maître. — Si les compagnons s'absentent trois mois de la ville, ils pourront entrer chez tel maître qu'il leur plaira.

1699. 5 mai. — Él. Brice Antoine, syndic; Louis Bouchard, adjoint.

Le compte rendu par Louis Bouchard est clos et arrêté en assemblée le 4 août.

16 août. — Quelques articles sont ajoutés à l'inventaire dressé le 8 juin 1694.

1er octobre. — Jean Bertier déclare prendre en apprentissage Jean de Gouy.

2 octobre. — La communauté décide que l'on interjettera appel d'un décret du lieutenant-général qui décharge Jean La Gardette de l'amende portée par les statuts pour avoir manqué à une assemblée.

1700. 3 mai. — Él. Brice Antoine, continué syndic; Louis Bouchard, continué adjoint.

11 juin. — La communauté, sur les offres qui lui en sont faites, emprunte une somme de 2,300 livres aux Bénédictins de Saint-Symphorien.

1701. 18 mars. — Il est décidé que tous les deux mois chaque membre de la communauté devra rendre compte de tout ce qu'il aura acheté pendant ce laps de temps.

3 mai. — Él. Jean Collignon, syndic; Brice Antoine, adjoint.

21 août. — Le compte rendu par Brice Antoine, syndic sortant de charge est clos et arrêté en assemblée.

29 décembre. — Le sieur Claude Antoine offre de payer 30 sols par an à la corporation pour avoir le droit de conserver le titre de maître imprimeur ; ce qui est accepté.

1702. 5 mai. — Él. Jean Collignon et Brice Antoine sont continués dans leurs charges.

19 décembre. — La communauté assemblée au sujet de la signification qui lui a été faite le 15 décembre d'un arrêt du conseil concernant *l'hérédité des offices réunis à la communauté et du rôle arrêté en conséquence* par lequel la communauté se voit taxer à la somme de trois cents livres et deux sols par livre, les syndic et adjoint sont chargés de

faire les emprunts nécessaires et reçoivent plein pouvoir à cet égard.

1703. 1er avril. — Jean de Gouy fait signifier son brevet d'apprentissage à la communauté.

5 mai. — Él. Jean Bertier, syndic ; Jean Collignon, adjoint.

31 juin. — Le syndic sortant de charge rend compte de son administration.

1704. 2 mars. — Pierre d'Artenay est reçu apprenti sur la présentation de Jean Humbert.

5 mai. — Él. Jean Bertier et Jean Collignon sont continués comme syndic et adjoint.

1705. 5 mai. — Él. Jean Humbert, syndic ; Jean Bertier, adjoint.

3 juin. — Le compte de Jean Bertier, syndic sortant, est apuré par la communauté.

1706. 5 mai. — Él. Jean Antoine, syndic ; Jean Humbert, adjoint.

1er juin. — Compte du syndicat de Jean Humbert.

1707. 12 janvier. — Réception de Jean de Gouy avec la copie de l'autorisation du conseil d'État.

2 avril. — Il est décidé par la communauté que l'on poursuivra Joseph Payen qui veut, contre le gré des imprimeurs, se faire recevoir libraire à Metz.

27 avril. — Jean Antoine, syndic, est envoyé à Paris pour poursuivre l'affaire Payen devant le conseil d'État ; il lui est alloué par la communauté une somme de 4 livres 10 sols par jour d'absence.

6 mai. — Él. Jean Antoine et Jean Humbert sont continués dans leurs charges.

1er août. — Jean Antoine rend compte de son syndicat du 5 mai 1706 jusqu'au 1er août 1707.

Dans cette reddition de compte, on voit figurer au chapitre des dépenses plusieurs sommes payées à M. Prost, écrivain, à MM. Pierre, Ricard et Aubert, avocats, et à M. Feuillette, procureur, qui ont représenté la communauté dans l'affaire Payen. Idem, une somme de 16 livres pour avoir donné à manger au secrétaire du rapporteur et de l'avocat.

Le même jour Joseph Payen est reçu dans la communauté en vertu de l'arrêt du conseil d'État, en date du 21 février 1707.

1708. 23 janvier. — La communauté assemblée déclare que l'on poursuivra les personnes qui travaillent en chambre et non pas chez leurs maîtres.

6 mai. — Él. Jean La Gardette, syndic; Jean Antoine, adjoint.

21 mai. — Jean Antoine rend compte de la seconde année de son syndicat.

4 juin. — L'inventaire de 1694 est revu et complété.

13 juin. — Réception de Brice La Gardette.

1709. 4 mai. — Él. Brice Antoine, syndic; Jean La Gardette, adjoint.

1er juin. — Le compte du syndic sortant de charge est apuré.

1710. 5 mai. — Él. Jean Bertier, syndic; Brice Antoine, adjoint.

8 juillet. — Brice Antoine présente le compte de son syndicat.

1711. 5 mai. — Él. Louis Bouchard, syndic; Jean Bertier et Brice Antoine, adjoints.

Il est convenu à cette réunion que les libraires étant en plus grand nombre que les imprimeurs, les syndics seront choisis une fois chez les imprimeurs et deux fois parmi les libraires.

8 juillet. — Jean Bertier rend compte de son administration pendant l'année 1710-1711.

1er septembre. — La communauté, surchargée de dettes et obligée à chaque instant de répondre aux appels de fonds que lui fait le roi, délibère sur les moyens à employer pour éviter une ruine totale. « On a délibéré unanimement de se cotiser chacun séparément à proportion de ses facultés, le tout ayant été bien examiné, a été arrêté ce qui suit : Outre le droit royal étably par chaque boutique de trente sols par quartier, il sera aussi payé par chacun des dits quartiers le quart des sommes que chacun s'est obligé volontairement de payer. » Quatre assemblées auront lieu régulièrement chaque année : le 1er novembre, le 1er février, le 1er mai et le 1er août. — Il est aussi décidé que les maîtres ne pourront donner à leurs compagnons un travail hors de chez eux, si ce n'est *des coutures et des pliures*. Si l'on trouve chez ces compagnons des presses, affûts et autres outils de la profession, ils seront confisqués ainsi que les ouvrages imprimés au profit de la communauté.

1712. 5 mai. — Él. Jean Collignon, syndic; Brice Antoine, adjoint.

6 juillet. — Louis Bouchard présente son compte à la communauté.

1713. 5 mai. — Él. Jean de Gouy, syndic; Jean Collignon, adjoint.

3 juillet. — Le compte du syndic sortant est clos et arrêté.

1714. 5 mai. — Él. Jean Humbert, syndic; Jean de Gouy et Jean Collignon sont nommés adjoints.

1er juin. — Compte de Jean de Gouy, syndic sortant.

27 novembre. — Le sieur Pierre Vauduit fait enregistrer son contrat d'apprentissage.

1715. 5 mai. — Él. Brice Antoine, syndic; Jean Humbert, adjoint.

2 juillet. — Réception de Pierre Dartenay.

1er septembre. — La communauté assemblée au sujet des sommes que l'on demande pour les lettres de maîtrise, il est décidé que la caisse de la corporation ne contenant aucuns deniers les sieurs Antoine et Collignon seront chargés d'emprunter 300 livres.

4 novembre. — Le compte du syndicat de Jean Humbert est clos et arrêté en assemblée.

Pendant les années 1716, 1717, 1718 et 1719, Brice Antoine continue à exercer la charge de syndic, Jean Humbert celle d'adjoint, « à cause, est-il dit au registre, que Brice Antoine était encore échevin de l'hôtel de ville, ce que la communauté a fait par honnêteté. »

1718. 12 juillet. — Dominique Boucq présente à la communauté son brevet d'apprentissage de relieur qui a été passé par Le Geay, amant.

1719. 6 septembre. — Réception de Pierre Collignon, fils de Jean Collignon.

8 novembre. — De Gouy ayant avancé une somme de 100 livres à la communauté pour l'enregistrement des arrêts de réception, il est décidé qu'on la lui remboursera au moyen des premiers deniers que touchera le corps des imprimeurs.

1720. 4 mai. — Él. Jean Bertier, syndic; Brice Antoine, adjoint.

Il est convenu que Jean de Gouy pourra remplir les fonctions d'adjoint aux assemblées.

11 août. — Réception de Pierre Bouchard en qualité de libraire et relieur.

24 août. — Brice Antoine rend compte de ses cinq années de syndicat.

15 octobre. — Réception de François Antoine, fils de Brice Antoine.

Pendant les années 1721, 1722, 1723 et 1724, les mêmes syndic et adjoint sont réélus par la communauté.

1722. 23 avril. — Réception de Jacques Bertier, fils de Jean Bertier.

21 août. — Les imprimeurs ayant remontré qu'il y avait justice à diminuer à chacun les quartiers puisque les impôts n'étaient plus aussi considérables, on a unanimement résolu de diminuer à chacun cinq sols par livres, à l'exception du sieur La Gardette qui, n'étant presque plus en état de payer, ne donnera plus que la moitié de ce qu'il payait auparavant.

A la même date, Jean Bertier rend compte des années de son syndicat 1720 et 1721.

1724. 1ᵉʳ août. — Jean Bertier continue la reddition de son compte des années 1722 et 1723.

1725. 22 mars. — Réception de Dominique Boucq en qualité de marchand libraire.

4 mai. — Le privilége accordé, le 8 mars 1725, à Jean Antoine pour l'impression de la *Méthode des coutumes de France* de Paul Chalin, est enregistré sur le livre de la communauté.

5 mai. — Él. Jean Collignon, syndic ; Jean Bertier, adjoint.

11 septembre. — Copie du privilége accordé le 3 juillet 1725 à Madelaine Granjean, veuve du sieur Brice Antoine, pour l'impression de la *Gazette de France*.

26 septembre. — Reddition de compte de Jean Bertier pour l'année 1724-1725.

31 décembre. — Réception de Pierre Barbier, fils de Paul Barbier, imprimeur de Son Altesse Royale.

1726. 2 mai. — Pour continuer le syndicat de Jean Collignon, décédé, Jean Antoine a été élu syndic et Jean Bertier est resté adjoint.

9 août. — La veuve de Brice Antoine trouvant qu'elle est imposée par la communauté pour une somme trop élevée, lui intente un procès. La corporation se décide à se porter défenderesse et à prendre Mᵉ Clerginet pour avocat et Mᵉ Dejardins pour procureur.

1727. 5 mai. — Él. Jean Antoine et Jean Bertier sont continués dans leurs charges.

7 mai. — La communauté, surchargée de dettes et ne pouvant payer les sommes auxquelles elle est imposée, n'ayant d'ailleurs aucun revenu, se décide à élever le taux des quartiers en raison de la valeur du commerce de chacun de ses membres.

10 septembre. — Il est jugé en assemblée que pour le bien de la communauté, il faudra à l'avenir faire célébrer le service du 6 mai à l'église Saint-Gorgon, et l'on s'est entendu avec M. Marchand, curé de cette paroisse.

1728. 6 mai. — Él. Pierre d'Artenay, syndic ; Jean Antoine, adjoint.

2 août. — Reddition des comptes de Jean Antoine.

1° De la gestion de Jean Collignon jusqu'au 4 novembre 1725, jour de son décès ;

2° Des six premiers mois de son syndicat ;

3° Des années 1726 à 1727, 1727 à 1728.

1729. 1er février. — La communauté devant payer une somme de 500 livres pour les frais de joyeux avénement, elle est obligée d'emprunter 350 livres au sieur Legros.

12 mars. — Copie du privilége accordé pour six ans à Jean Antoine pour l'impression de l'*Ange conducteur*.

6 mai. — Él. Pierre d'Artenay et Jean Antoine sont continués dans leurs charges.

1730. 6 mai. — Él. François Antoine, syndic ; Pierre d'Artenay, adjoint.

28 mai. — Antoine Fourquin, petit-fils de Jean Antoine, est reçu en qualité de libraire-relieur sur la présentation de Pierre Bouchard.

Réception de Dominique Antoine, fils de Brice Antoine.

16 août. — Pierre d'Artenay rend compte à la communauté de sa gestion pendant les deux années 1728 et 1729.

1731. 5 mai. — Él. Louis Bouchard, syndic ; François Antoine, adjoint.

9 août. — François Antoine rend compte de l'année de son syndicat.

1732. 6 mai. — Él. Pierre Bouchard, syndic ; F. Antoine, adjoint.

23 octobre. — Reddition de compte de la gestion de feu Louis Bouchard par son adjoint F. Antoine.

31 décembre. — Le lieutenant-général donne à François Antoine le jeune, imprimeur du Roi, l'autorisation d'imprimer une complainte.

A la même date, Henry Marnais de la Bastie, grand-doyen de l'église cathédrale de Metz, donne à Jean Antoine le privilége de l'impression et de la vente des *catéchismes* et *usages* du diocèse.

1733. — Le 24 janvier, les priviléges accordés à François et à Jean Antoine sont enregistrés au livre des imprimeurs.

Le 4 mars et le 2 avril, Mgr l'intendant général d'Auburtin de Bionville donne la permission à la veuve de Brice Antoine d'imprimer et vendre la relation des cérémonies qui ont eu lieu à l'occasion de la mort de Mgr Henry-Charles du Cambout, évêque de Metz, et l'oraison funèbre de ce prélat.

5 mars. — Él. Pierre Bouchard, syndic; François Antoine, adjoint.

15 mai. — Un nouveau privilége est accordé à la veuve Antoine pour l'impression d'une ode.

22 juillet. — La communauté se cotise pour payer les intérêts des sommes qu'elle a empruntées.

1734. 5 mai. — Él. Pierre Barbier, syndic ; Pierre Bouchard, adjoint.

Le 14 mai et le 23 juillet, François Antoine obtient la permission d'imprimer la relation des prises de Traback et de Philipsbourg.

4 août. — Pierre Bouchard rend compte de son syndicat.

1735. 5 mai. — Él. Pierre Barbier et Pierre Bouchard sont continués dans leurs charges.

7 mai. — Réception de Pierre Bouchard, fils de Louis Bouchard, et de Joseph Collignon, fils de Pierre Collignon.

31 octobre. — Est enregistré au livre des imprimeurs l'arrêt du Conseil d'État portant défense aux *revendeurs,* *carabans* et *merciers,* de débiter des ouvrages si ce n'est des A B C et des petits livres de prières.

1736. 5 mai. — Él. Jean Antoine, syndic; Pierre Barbier et Pierre Bouchard, adjoints.

16 mai. — La communauté assemblée donne pleins pouvoirs aux syndic et adjoint pour poursuivre les contrevenants à l'arrêt du conseil d'État de l'année 1735 et au réglement du 28 février 1723.

20 juillet. — Jean Antoine obtient un privilége pour l'impression de psaumes.

1er août. — Reddition de compte de Pierre Barbier des deux années de son syndicat.

1737. 5 mai. — Él. Jean Antoine est nommé syndic et continue à exercer cette charge pendant les années suivantes 1738 et 1739.

1740. 5 mai. — Él. Pierre Bouchard l'aîné, syndic; Jean Antoine, adjoint.

1741. 5 mai — Él. François Antoine, syndic; Pierre Bouchard, adjoint.

1er novembre. — Reddition de compte de Jean Antoine des trois années de son syndicat.

2 novembre. — Reddition de compte de Pierre Bouchard.

1742. 28 mars. — La communauté, assemblée au sujet de la mort de la veuve Brice Antoine décédée le 26, donne plein pouvoir aux syndic et adjoint pour ce qui concerne la suppression de son imprimerie, en vertu de l'arrêt du conseil d'État du 21 mars 1739.

5 mai. — Él. François Antoine, syndic; Pierre Bouchard, adjoint.

24 septembre. — Est enregistré au livre des imprimeurs l'arrêt du conseil d'État autorisant Joseph Collignon à exercer la profession d'imprimeur à Metz.

1743. 3 janvier. — Réception de Joseph Collignon en qualité d'imprimeur.

5 mai. — Él. François Antoine, syndic; Pierre Bouchard, adjoint.

1744. 10 février. — La communauté assemblée refuse de recevoir Louis Louis, gendre de la veuve Louis Bouchard, parce qu'il n'a pas été en apprentissage.

24 février. — On se décide à le recevoir.

5 mai. — Él. Pierre-Louis Bouchard le jeune, syndic; François Antoine, adjoint.

16 novembre. — Reddition du compte de François Antoine des trois années de son syndicat.

1745. 5 mai. — Él. François Antoine, syndic ; Pierre-Louis Bouchard, adjoint.

29 septembre. — Pierre-Louis Bouchard, syndic sortant, rend compte de son administration.

1746. 5 mai. — Él. Pierre Bouchard l'aîné, syndic ; François Antoine, adjoint.

7 novembre. — Reddition de compte de Pierre Antoine.

1747. 23 mars. — La communauté juge à propos, se trouvant en fonds, de faire un remboursement de 300 livres à M. Coullez, greffier de l'hôtel commun de la ville.

A la même date, elle donne pouvoir aux syndic et adjoint de présenter requête au lieutenant-général au sujet des contrevenants aux arrêts défendant la vente des livres, afin de les poursuivre.

5 mai. — Pierre Bouchard et François Antoine sont continués dans leurs charges.

1748. 3 mai. — Él. Jean Antoine, syndic ; Pierre Bouchard, adjoint.

19 août. — Reddition du compte de Pierre Bouchard.

20 août. — La communauté continue à donner plein pouvoir aux syndic et adjoint de poursuivre les marchands qui vendent des livres sans en avoir le droit.

20 août. — La communauté s'impose de nouveau pour payer ses dettes.

1749. 5 mai. — Él. Dominique Antoine, syndic.

14 août. — Reddition de compte du syndic sortant de charge.

1750. 5 mai. — Él. Dominique Antoine est continué dans sa charge.

17 octobre. — Réception de J.-B.-Joseph Nafteur, natif de Lille, gendre de feu Louis Bouchard.

1751. 5 mai. — Él. Joseph Collignon, syndic ; Pierre Bouchard le jeune, adjoint.

30 août. — François Antoine rend compte des deux années de syndicat de Dominique Antoine.

1752. 5 mai. — Él. Pierre-Louis Bouchard, syndic ; Jean Collignon, adjoint.

19 juillet. — Reddition de compte de Joseph Collignon, syndic sortant.

1753. 12 avril. — La demoiselle Nicolle Antoine, fille de Jean Antoine, demande par assignation et sommation de faire partie de la communauté. La corporation repousse cette demande en se basant sur les statuts qui n'accordent à une fille d'imprimeur le droit d'entrer dans le corps de métier qu'autant qu'elle a épousé un compagnon.

5 mai. — Él. Pierre-Louis Bouchard et Joseph Collignon sont continués dans leurs charges.

8 juin. — La demoiselle Nicolle Antoine est reçue dans la communauté.

24 septembre. — La corporation se cotise de nouveau pour payer ses dettes.

1754. 5 mai. — Él. François Antoine, syndic.

4 novembre. — Reddition de compte de Pierre-Louis Bouchard.

1755. 5 mai. — Él. François Antoine est continué dans sa charge.

1756. 16 mars. — Par arrêt du conseil d'État en date du 23 février 1756, Joseph Antoine est reçu imprimeur à la place de François Antoine décédé.

5 mai. — Él. Joseph Collignon, syndic.

18 août. — Copie des provisions de la charge d'imprimeur ordinaire du roi accordée à Joseph Collignon, le 22 décembre 1755, ensemble de l'arrêt du parlement de Metz qui le reçoit le 30 janvier suivant.

A la même date, Pierre Bouchard l'aîné, en sa qualité de tuteur des enfants de Dominique Antoine héritiers de feu François Antoine, rend compte de la gestion de ce dernier pendant les années 1754 et 1755.

1757. 5 mai. — Él. Joseph Collignon, syndic.

1er et 2 septembre. — La communauté se cotise pour payer l'impôt qui vient de lui être signifié.

1758. 21 avril. — Réception de P. Marchal qui a épousé la veuve de J.-B. Nafteur.

5 mai. — Él. Louis Louis, syndic ; J. Collignon, adjoint.

27 juillet. — Rendu de compte de Joseph Collignon pour les années 1756 et 1757.

1759. 5 mai. — Él. Joseph Antoine, syndic ; Louis Louis, adjoint.

27 juillet. — Reddition de compte de Louis Louis.

1760. 5 mai. — Él. P. Bouchard l'aîné, syndic.

11 septembre. — Copie des provisions de la charge d'imprimeur du roi accordées à Joseph Antoine le 18 novembre 1758 et enregistrées par arrêt du parlement le 2 mai 1759.

A la même date, reddition de compte de Joseph Antoine.

1761. 6 mai. — Él. Jean Collignon, syndic ; Pierre Bouchard, adjoint.

31 juillet. — Reddition de compte de Pierre Bouchard l'aîné.

A la même date la communauté se cotise pour payer les rentes des sommes qu'elle a empruntées.

10 décembre. — Le syndic dresse un état des sommes que chaque membre de la communauté devra lui payer.

1762. 5 mai. — Les syndic et adjoint de l'année précédente sont continués dans leurs charges.

1763. 3 mai. — Él. Pierre Bouchard le jeune, syndic ; Jean Collignon, adjoint.

13 juillet. — Reddition de compte de Joseph Collignon pour les deux années de son syndicat.

30 septembre. — Copie de l'arrêt du conseil d'État rendu au sujet d'un livre intitulé : *Extraits des registres du parlement de Bordeaux du 19 août 1763*, interdisant d'imprimer et de vendre les arrêts des parlements.

7 octobre. — Réception de Joseph Barbier, fils de Pierre Barbier.

1764. 7 janvier. — Réception de Georges d'Herclonville en qualité de marchand libraire.

5 mai. — Él. P. Bouchard le jeune, syndic ; J. Collignon, adjoint.

1765. — Él. Joseph Antoine, syndic ; N. Bouchard le jeune , adjoint.

7 août. — Reddition de compte des deux années de syndicat de P.-L. Bouchard.

1766. 10 janvier. — Réception de Barbe Barbier, fille de Pierre Barbier, en qualité de libraire et relieur.

24 février. — État de l'imposition à laquelle se soumettent les membres de la communauté.

25 février. — Réception de Louis Louis, fils de Louis Louis.

5 mai. — Él. N. Marchal, syndic ; Joseph Antoine, adjoint.

25 septembre. — Jean Magienne, fils de Jean Magienne, concierge du parlement, est reçu en qualité d'apprenti.

A la même date, reddition de compte de Joseph Antoine, syndic sortant.

1767. 5 mai. — Él. Joseph Collignon, syndic ; P. Marchal, adjoint.

16 juin. — P. Marchal, syndic sortant, rend compte de son administration.

1768. 2 mars. — Réception de Dominique Bontoux de Nancy.

5 mai. — Él. Joseph Collignon, syndic.

1er septembre. — Répartition des sommes nécessaires pour acquitter les charges de la communauté.

22 décembre. — Nouvelle répartition pour le paiement de l'impôt de l'industrie.

A la même date, Claude Lacroix est reçu marchand libraire sur la présentation d'un brevet de maîtrise qu'il a acheté en vertu de l'édit de mars 1767.

1769. 11 avril. — Enregistrement de l'arrêt du conseil, en date du 14 janvier 1769, qui défend l'entrée en Lorraine du journal de Luxembourg, intitulé : *La clef du cabinet des princes.*

7 mai. — Él. P.-L. Bouchard, syndic ; J. Collignon, adjoint.

2 août. — Réception de Joseph Jacquin en qualité d'apprenti.

A la même date Joseph Collignon rend compte de son syndicat.

12 août. — La communauté refuse d'admettre au nombre de ses maîtres un sieur Gendarme, muni d'un livret d'apprentissage de Dijon.

27 avril. — L'histoire de France de l'abbé Velly, continuée par M. Villaret et l'abbé Garnier, publiée chez Saillant, Nyon et Desaint, libraires à Paris, est contrefaite à Bruxelles. Les éditeurs envoient une feuille de leur ouvrage à la communauté des imprimeurs de Metz, et l'ordre de M. le chancelier d'empêcher l'entrée en France de l'édition contrefaite.

1770. 5 mai. — Él. P.-L. Bouchard.

28 novembre. — J.-B. Collignon, ayant demandé de faire partie de la communauté en sa qualité de fils de maître (il était fils de Pierre Collignon), celle-ci s'y oppose.

1771. 29 janvier. — Répartition pour payer les sommes de l'impôt de l'industrie.

A la même date, J.-B. Collignon est reçu au nombre des maîtres de la communauté.

1er février. — Son fils, Jean-Baptiste Collignon, est reçu en qualité de fils de maître.

22 avril. — Copie du brevet de maîtrise accordé au sieur Gerlache.

5 mai. — Él. P.-L. Bouchard, syndic ; J. Collignon, adjoint.

1er juin. — Réception de Jean-Pierre Michel en qualité d'apprenti.

2 novembre. — Représentations et remontrances de la communauté adressées à Mgr le chancelier au sujet de la suppression du parlement de Metz.

19 décembre. — Réception de François Louis en sa qualité de fils de maître.

1772. 29 avril. — J.-B. Collignon reprend l'imprimerie de Joseph Collignon, en vertu d'un arrêt du conseil d'État, en date du 6 avril. Par le même arrêt, la charge d'imprimeur du roi de Joseph Collignon est supprimée, Joseph Antoine demeure seul imprimeur du roi à Metz.

1er mai. — Réception de Louis-Benoît Devilly, natif de Huiron en Champagne, au nombre des membres de la communauté.

5 mai. — Él. P.-L. Bouchard, syndic.

15 décembre. — L'intendant général demande qu'on lui envoie deux exemplaires de chacun des almanachs qui s'impriment à Metz.

A la même date, la communauté se cotise pour payer l'impôt de l'industrie.

1773. 5 mai. — Él. Joseph Antoine, syndic ; Bouchard, adjoint.

5 décembre. — Un arrêt du conseil d'État supprime un ouvrage intitulé : *Histoire générale de l'État présent de l'Europe,* et interdit au sieur Graugé, imprimeur de ce livre, l'exercice de son métier pendant un an. — Enregistrement de cet arrêt sur le registre de la communauté.

1774. 29 janvier. — Compte est rendu par P.-L. Bouchard des années de son syndical.

Réglement des quartiers à payer.

4 mars. — Réception de J.-B. Fouraut en qualité d'apprenti.

5 mai. — Él. Joseph Antoine, syndic ; Bouchard, adjoint.

19 mai. — La communauté refuse de recevoir comme apprenti Joseph Adam, qui ne présentait pas un certificat prouvant suffisamment sa *congruité* en la langue latine ; il est soumis à l'épreuve d'un thème et agréé.

18 juin. — Le sieur Pierre Michel n'ayant fait que son apprentissage et n'ayant pas été compagnon, demande à être reçu dans la communauté, qui le repousse.

9 juillet. — Une sentence de police, en date du 8 juillet,

ordonnant la réception de Pierre Michel, ayant été signifiée à la communauté, les membres de la corporation se réunissent au nombre de quatre seulement et donnent pouvoir aux syndic et adjoint de poursuivre le sieur Michel devant la cour souveraine de Lorraine.

12 juillet. — Pour éviter les frais de cette poursuite, la communauté se décide à recevoir le sieur Pierre Michel.

1775. 6 mai. — Levée de l'impôt.

El. Joseph Antoine et Bouchard sont continués dans leurs charges.

1776. 5 mai. — Él. Marchal, syndic ; Antoine, adjoint.

18 décembre. — Reddition de compte de Joseph Antoine.

1777. 5 mai. — Él. Marchal et Antoine sont continués dans leurs charges.

8 Mai. — Réglement du paiement de l'impôt sur l'industrie.

A la même date, réception de Louis-Benoit Devilly à la maîtrise.

9 mai. — Réception de Jean Milard comme apprenti.

La communauté dresse acte de ce que le sieur Fouraut a quitté son maître avant le temps prescrit.

1778. 5 mai. — Él. J.-B. Collignon, syndic.

21 mai. — Reddition de compte de Marchal, ancien syndic.

1781. Compte incomplet et non daté des années de son syndicat rendu à la nouvelle communauté par J.-B. Collignon.

Ici se termine le manuscrit des imprimeurs.

Maurice de Chanteau.